ÉTICA
DIPLOMÁTICA

ÉTICA
DIPLOMÁTICA

Isabel Cordero

Para realizar pedidos de este libro, contacte con:
Palibrio LLC
1663 Liberty Drive, Suite 200
Bloomington, IN 47403
Gratis desde EE. UU. al 877.407.5847
Gratis desde México al 01.800.288.2243
Gratis desde España al 900.866.949
Desde otro país al +1.812.671.9757
Fax: 01.812.355.1576
ventas@palibrio.com
438559

ÍNDICE

AGRADECIMIENTO Y DEDICATORIA 7
INTRODUCCIÓN 11
PRESENTACIÓN 13

TEMA I

INTRODUCCIÓN CONCEPTUAL 17

Capítulo 1 21
  Características de la Ética: 21

Capítulo 2 39
  La Composición Social y la Aplicación de sus códigos 39

Capítulo 3 47
  LA CONVENCIÓN DE VIENA SOBRE LAS
  RELACIONES DIPLOMÁTICAS 47
    1.2. OBLIGATORIEDAD DE LA ÉTICA: 66
    1.3. PROCESO NORMATIVO DE LA ÉTICA: 69

TEMA II
  EL DEBER..73
  DEBERES PROFESIONALES 73
  LA DISCRECIÓN: 74
  DISTRIBUCIÓN DEL TIEMPO:...74
  LA CLARIDAD Y PRECISIÓN DEL DISCURSO: 78

ÍNDICE 81

AGRADECIMIENTO Y DEDICATORIA

Agradezco a Dios por mostrarme el camino y la salvación, a través de los evangelios aprendí a ver en cada rostro humano una chispita del ser supremo que nos creo, y estoy segura como dijo Pablo que vivir es Cristo y morir es ganancia.

Quiero dedicar esta obra en toda su extensión a mi Padre Gregorio Parra Vásquez, (El viejo de hierro) quien me enseño a ser honesta aun por encima de cualquier necesidad perentoria, con una sola frase que marco mi vida "El hombre se dobla pero no se parte" Eso me dio pautas para ser valiente en la vida y enfrente toda clase de obstáculos para estudiar y superarme como un ser humano decente. A mis hijos, por ser ellos el motor que impulso mi vida redituando mi energía, a pesar del cansancio que representa la lucha por la vida. A mis dos madres, Isabel Cordero, que me dio a luz y Ana Rita Jiménez que me enseño la luz al final del túnel, a mis hermanas y hermanos que adoro, a mis sobrinos y sobrinas, porque son tan especiales que llenan mi vida de alegría con cada uno de sus logros y porque fui su madre también, a todos en algún momento les cambie el pañal o peine sus cabellos. A mis nietos porque a través de ellos confirmo que la muerte no existe, en ellos seguiré viva para siempre.

Especial dedicatoria para mi amado nieto Manuel Alberto Morales, (Tito) por cederme su mansión en Davenport como un remanso de paz para poder terminar esta obra, te amo Tito, gracias por ser un ejemplo de virtud para mi vida.

A mis amigos: Blanca Rivera, Dr. Cecilio Torres, Eduardo Montalvo, y Gonzalo Evans, porque siempre están prestos para ayudarme. Gracias del alma.

A La Universidad Católica de Santo Domingo, en especial al Padre Alonso, Exrector, por su dedicación y entrega, y por enseñarme a soñar y no a dormir.

INTRODUCCIÓN

Un marco referencial de la materia de Ética Diplomática es lo que hemos deseado tener en nuestras manos desde hace ya varios años para la docencia universitaria. Y que bueno es tener la oportunidad, de poder hacerlo, aun y cuando sea para optar por el titulo de una especialidad en Educación Superior.

Es probable que, por ser en nuestro país relativamente joven la carrera de Diplomacia, no se consiga mucho material bibliográfico. Sin embargo, el largo ejercicio de muchos ilustres nacionales y extranjeros, a quienes de algún modo hemos podido accesar, nos ha permitido extraer opiniones generales sobre la aplicación de la Ética en el Ejercicio Diplomático.

Escribir sobre temas culturales o conductuales, esta reservado como privilegio de almas exquisitas, de manera que trataremos en este trabajo de elevarnos tanto como sea posible para alcanzar una chispita de ese privilegio del que han disfrutado autores que la circunstancia no nos permiten citar.

PRESENTACIÓN

La Ética de la Diplomacia pretende dar respuesta a la inquietud del ser humano, en este caso a profesionales que se preguntan por los diferentes aspectos éticos de su vida y que desean, además maximizar sus potencialidades para ser más creativos y exitosos en el ejercicio de sus carreras.

Con el propósito de analizar los elementos de la Ética Diplomática en el manejo de los derechos humanos, desarrollar actitudes éticas que respondan a las exigencias propias de la diplomacia y valorar la importancia de la humanización de las relaciones internacionales nace esta obra.

Es el momento de revisar la jerarquía de valores, analizar el comportamiento ético de los pueblos identificando elementos que motivan los intereses de cada nación a fin de lograr una globalización con el menor riesgo de invasión cultural posible.

Es hoy un día especial para mí como autora, porque usted puede tener en sus manos este trabajo que espero humildemente sea de gran valor humanístico.

ISABEL CORDERO

TEMA I

INTRODUCCIÓN
CONCEPTUAL

Desde que los hombres viven en comunidad, la regulación moral de la conducta ha sido necesaria para el bienestar colectivo.

Aunque los distintos sistemas morales se establecían sobre pautas arbitrarias de conducta, evolucionaron a veces de forma irracional, a partir de que se violaran los tabúes religiosos o de conductas que primero fueron hábito y luego costumbre, o asimismo de leyes impuestas por líderes para prevenir desequilibrios en el seno de alguna tribu. Incluso las grandes civilizaciones clásicas egipcia y sumeria desarrollaron éticas no sistematizadas, cuyas máximas y preceptos eran impuestos por líderes seculares y estaban mezclados con una religión estricta que afectaba a la conducta de cada egipcio o cada sumerio.

En la China clásica las máximas de Confucio fueron aceptadas como código moral. Los filósofos griegos, desde el siglo VI A. C. en adelante, teorizaron mucho sobre la conducta moral, lo que llevó al posterior desarrollo de la ética como una filosofía.

En América, por ejemplo, la religión cristiana y sobre todo la iglesia católica ha desempeñado un papel preponderante en el establecimiento de las costumbres; de nuestros antecesores, emanan un conjunto de leyes que fueron codificando las legislaciones, otorgándole una fase primordial al derecho canónico.

Esta fue la fuente principalísima del derecho en Castilla que luego, por el poder absoluto de los Reyes Fernando de Aragón e Isabel de Castilla, fue diseminado a todas las colonias mediante las disposiciones generales en códigos como el de "Las Siete Partidas", "El Ordenamiento de Alcalá", entre otros.

Las instituciones jurídicas impuestas a los aborígenes por el fortalecido reinado de Isabel la Católica, produjo la unificación política que repercutió en el derecho y que estableció la organización de todos los pueblos bajo el régimen de la corona de España.

Medio siglo más tarde seguiría siendo objeto de estudio el papel de la iglesia en cruzadas de evangelización de toda América.

La iglesia católica no se ha limitado a través de los años a fortalecer las creencias religiosas sino que además ha creado una imagen corporativa homogénea, y en su fuerte estructura se observan como fuente de doctrina centros educativos de diferentes niveles que van conformando las sociedades desde el mismo centro de su desarrollo, tomando los individuos pequeños y formando conciencia de hombres orientados en el respeto a los preceptos de la moralidad y los derechos humanos marcado por los evangelios.

Sigmund Freud refiere, *"Que el hombre al nacer es un ser indefenso, por no tener garras, ni dientes, ni pelos para cubrirse del frío y devorar alimentos"* esto lo hace dependiente de otros hombres, para que lo ayuden a subsistir. Luego de crecer, sigue la cadena de dependencia, lo que lo compromete con una hilera de necesidades interdependientes entre sí y surge el nacimiento de una sociedad eminentemente dependiente: el hombre de la familia, la familia del Estado y los Estados de otros Estados, y es por esa necesidad humana que nacen las organizaciones sociales nacionales e internacionales.

CAPÍTULO 1

Características de la Ética:

Definición:

La Ética es la parte de la filosofía que trata de la moral y de las obligaciones del hombre. Algunos autores, sin embargo, la definen como sigue "La Ética es la ciencia que de manera rigurosa orienta las actuaciones del individuo para el logro de fines elevados, mediante la recta razón inspirada en la moralidad" con esta última definición no estamos de acuerdo en todas sus partes, porque o es ciencia o es parte de una ciencia, es decir que si es parte de la Filosofía que es una ciencia la Ética deberá ser una disciplina.

Sin embargo la ética orienta rigurosamente las actuaciones del hombre hasta el logro de fines elevados y la recta razón, e influye de manera voluntaria en el ámbito de la honestidad, hasta lograr la práctica del bien.

Las relaciones diplomáticas pueden ser definidas como la comunicación oficial y permanente entre Estados de derecho por mediación de una delegación permanente recíprocamente reconocida. Su función principal consiste en facilitar y regular las relaciones entre los Estados, según sus intereses respectivos, dirimiendo los conflictos de intereses mediante conversaciones pacíficas.

Los expertos fundamentan las relaciones diplomáticas en la ley natural, que exige que los pueblos vivan y se desarrollen en el respeto y la concordia resolviendo sus problemas, evitando las guerras y fomentando la comprensión y la paz.

La diplomacia actual tiende a dirimir los antagonismos en el mundo, a crear un ambiente social y político en el que la razón prevalezca sobre la fuerza y el progreso y la prosperidad de cada Estado se realice en armonía con los legítimos intereses de la comunidad internacional.

Diplomacia Pontificia:

En este contexto global la diplomacia pontificia ha sido definida como una ciencia y un arte al mismo tiempo. Regulada por el derecho canónico internacional, busca el buen entendimiento entre la Iglesia y los Estados con el objetivo común de la paz social y del progreso humano de los pueblos respetando toda vida humana, desde su fecundación hasta su ocaso natural, promoviendo la paz y el respeto de los auténticos valores religiosos, morales y sociales.

(Dinámica de grupo discutir sobre los derechos de la vida temas como la eutanasia, el aborto etc. Dejar desarrollar las ideas y definir el concepto de ciencia)

La diplomacia pontificia es también una ciencia sui generis, por cuanto justifica su forma de organizarse y de actuar inspirándose en la ley natural y en principios teológicos-jurídicos de los que depende la estructura misma de la Iglesia. A todo esto añade las reglas generales de la política y del derecho positivo internacionalmente reconocido.

Es pues, una ciencia en la medida en que se apoya en una fundamentación racional sólida. También se dice que la diplomacia pontificia es un arte. Esto nos lleva a pensar en la habilidad y experiencia práctica que requiere el ejercicio exitoso de esta profesión. No es fácil, en efecto, compaginar valores trascendentales con los terrenales, temporales y caducos, que son los que más interesan a los grupos políticos y a las instituciones estatales.

El diplomático pontificio se ocupa de todo tipo de asuntos que atañen directamente a la Iglesia y al Estado al mismo tiempo. Por extensión se ocupa también de los aspectos morales y sociales que afectan a la convivencia pacífica entre los pueblos. Y todo ello por la vía del diálogo civilizado y de las buenas razones, de suerte que el Estado respete y asegure la libertad de acción necesaria a la Iglesia para que pueda cumplir con su deber de servicio a la humanidad.

En este noble quehacer la diplomacia pontificia coincide y se identifica con muchos de los objetivos fundamentales de la diplomacia civil. Por ejemplo, en la promoción del progreso humano a escala mundial, el buen entendimiento entre las naciones, y sobre todo, en la promoción del respeto a los derechos fundamentales del hombre y solución pacífica de los conflictos de intereses entre las naciones.

El diplomático pontificio no se queda en el plano exclusivo de la justicia social porque sabe que ésta por sí sola no resuelve satisfactoriamente todos los problemas del hombre sino que hay que tener en cuenta también la caridad cristiana como valor superior del humanismo integral. Este aspecto es el menos comprendido por los diplomáticos civiles y el que requiere mayor habilidad por parte del diplomático pontificio.

(Practicas y ejemplos, hacer dinámica participativa con los estudiantes)

Se tiene la impresión de que, mediante formas de conducta muy sofisticadas, los diplomáticos sólo buscan influencia y poder, justificando el recurso a cualquier medio. Diríase que las relaciones diplomáticas tienen mucho de parecido en el campo del poder político con las relaciones publicitarias en el ámbito del comercio.

Existe la sospecha de que se aplica subliminalmente el principio maquiavélico de que el fin justifica los medios. El diplomático, como todo experto en relaciones públicas, no actúa desinteresadamente sino que tiene intereses creados como el publicista o el propagandista.

Esta denominación no carece de fundamento, hemos de reconocer que la verdadera diplomacia se caracteriza por la nobleza de sus intereses, la forma abierta de propugnarlos y los medios razonables para alcanzarlos. La hipocresía y el maquiavelismo son la negación misma de la auténtica actividad diplomática. Contra el peligro real de hipocresía, la ética profesional exige al diplomático verdad, trasparencia y honestidad a toda prueba.

A la diplomacia pontificia se le atribuyen a veces los mismos defectos que a la civil, en la que juegan un papel importante la intriga, el espionaje y la intromisión en los asuntos de otros países. ¿Por qué no delegar en las legítimas autoridades eclesiásticas locales para gestionar directamente con las autoridades civiles respectivas los asuntos relacionados con la Iglesia, evitando así el recurso a la diplomacia como institución secular?

Es obvio que la diplomacia, como institución profesional, no es necesaria para la misión espiritual de la Iglesia. Pero experiencia histórica obra en su favor por responder a una forma de actuar realista y adaptada a los tiempos. Los cristianos, en efecto, no viven en un planeta etéreo sino que son ciudadanos de países y naciones concretas en las que hay autoridades civiles y problemas que resolver que atañen a la Iglesia en sí misma y a sus estructuras sociales.

Para cumplir con su misión humana en el mundo la Iglesia necesita de espacio temporal y geográfico de libertad suficiente, cosa que no siempre los Estados están dispuestos a conceder. Por otra parte, la diplomacia pontificia asume y se identifica con todos los objetivos nobles de la diplomacia civil.

Es obvio que, las instituciones diplomáticas son innecesarias para la Iglesia, en la vida real son muy útiles y convenientes para facilitar la misión espiritual de la Iglesia en beneficio de la humanidad. Más aún, tampoco son necesarias las catedrales ni las iglesias parroquiales y sin embargo, nadie con un poco de buen sentido de la realidad pretenderá que se destruyan porque forman parte de la identidad corporativa de esa Institución

El propio San Gregorio Magno, que fue un gran diplomático, llamó la atención contra la actividad diplomática confundida con el arte de la simulación.

La diplomacia pontificia se ha adaptado con realismo a los signos de los tiempos y actualmente se ocupa de cuestiones de carácter religioso y espiritual en nombre del Obispo de Roma, el Papa, como cabeza responsable de toda la cristiandad.

La Iglesia de Cristo es por esencia universal, no nacional o regional, y el Papa mantiene el timón de la unidad y de la universalidad de muchas formas. Una de ellas, mundialmente reconocida por los poderes contemporáneos, es a través de sus delegados o representantes directos.

La Iglesia trasciende las fronteras geográficas y políticas conocidas y por consiguiente, cuando interviene lo hace dentro de su propio terreno y competencia y no atropellando el terreno ni las competencias de otros. Se ha de tener en cuenta, además, que los súbditos espirituales del Obispo de Roma (El Papa) son ciudadanos de derecho del país donde viven y sus asuntos como cristianos son parte integral de los asuntos comunes de sus respectivas naciones. En consecuencia, cuando la diplomacia pontificia vela por los intereses humanos y espirituales de su competencia no se injiere en lo que no debe, sino que colabora al bien común con pleno derecho. Las cuestiones directas Iglesia-Estado se enmarcan en el contexto del derecho internacional y desbordan la competencia jurisdiccional ordinaria de las autoridades eclesiásticas locales.

En consecuencia la diplomacia pontificia, responsablemente ejercida, es el arte de crear y conservar la tranquilidad del orden internacional y la paz; de establecer relaciones humanas mediante la aceptación de unas reglas de juego honestas, libres y legales y no basadas en la fuerza, la astucia o el antagonismo de intereses egoístas. En todo esto la diplomacia pontificia no es distinta de lo que debería ser también la diplomacia civil. Pero añade la dimensión espiritual y trascendental del hombre como fuente de inspiración en su promoción de la justicia social humanizada con la caridad. Esta faceta de la diplomacia pontificia, es la menos comprendida y la más importante del humanismo cristiano

A causa de su carácter universal y soberano, la Iglesia católica es la única institución religiosa que puede entablar relaciones diplomáticas oficiales con otros países miembros soberanos de la comunidad internacional.

La diplomacia es el arte y la ciencia por los que la Iglesia y el Estado regulan sus relaciones mutuas por medio de representantes oficiales y de acuerdo con las normas del Derecho público eclesiástico y del Derecho público internacional así como con los usos internacionales, con vistas a mantener y fomentar una fructífera armonía entre ambos poderes, con el objetivo de promover el bienestar religioso, moral, cultural y social de los pueblos.

La Iglesia católica viene a significar aquí la comunión religiosa mundial fundada por Cristo.

La Santa Sede es el cuerpo central de gobierno de la Iglesia católica, cuya cabeza es el Papa, el cual es asistido por la Curia de Romana y otros organismos centrales.

La Ciudad del Vaticano es la pequeña entidad geográfica inserta en la ciudad de Roma, y reconocida por el Derecho Internacional como Estado soberano.

Fines y relevancia de la diplomacia pontificia:

Su fin próximo comprende todas aquellas cuestiones que afectan al interés inmediato de la Iglesia en sus relaciones con los diversos Estados. Está especialmente relacionada con la salvaguarda y libre ejercicio de las leyes divinas y eclesiásticas, en amistosa cooperación con el poder civil, a fin de asegurar a la Iglesia la libertad de acción en el cumplimiento de su mandato universal en favor de la humanidad.

Indirectamente también tiene como fin promover el entendimiento, la paz, la colaboración y el bienestar internacional basados en la justicia y la caridad a todos los niveles, de acuerdo con su misión espiritual.

La fructífera vitalidad de la Iglesia deriva en primer lugar de una fuente divina. Por tanto, la Diplomacia no es esencial para el logro de su misión. Se puede concebir que podría dejar de ejercerse sin detrimento para los principios teológicos o canónicos, si se juzgase que los intereses de la Iglesia podrían ser mejor servidos en el orden internacional por otro medio.

Sin embargo, la experiencia ha venido a justificar su ejercicio en el pasado y a garantizar su relevancia para el presente y el futuro. De acuerdo con la Convención de Viena sobre Relaciones Diplomáticas (1961), el objetivo general de la diplomacia consiste en mantener la paz y seguridad internacionales, desarrollando relaciones amistosas entre Estados por medio de representantes diplomáticos y de una negociación responsable.

A la luz de tal definición, la Diplomacia parece ser más que nunca importante para el mundo moderno en la contribución que puede hacer en la tarea de reconciliación y unificación de la humanidad mediante sus esfuerzos por fomentar el desarrollo, pacífico y próspero, de los pueblos y los Estados en los campos político, social y ecuménico.

En el terreno político busca ayudar a los Estados a regular su mutuo intercambio por medio de relaciones racionales, jurídicas y humanas. En el terreno social persigue contribuir a la solución de las desigualdades sociales y económicas, especialmente respecto a los países en vías de desarrollo, sobre la base de la justicia y la equidad. En el terreno ecuménico trata de establecer un fructífero diálogo en la verdad y el amor con todos los hombres de buena voluntad. Además, la Diplomacia al llevar a cabo su misión, inspira, orienta y fortalece la diplomacia civil en la persecución de sus fines más elevados.

Orígenes históricos y bases jurídicas de la diplomacia pontificia:

Los orígenes remotos de la Diplomacia papal están basados en las misiones que se encomendaban a los Vicarios Apostólicos en las más alejadas provincias eclesiásticas a los apocrisiarios (Apocrisiarios, viene del griego y es equivalente a Embajador) en la Corte imperial de Bizancio.

Desde los tiempos más remotos, los legados representaron al Papa en los Concilios de la Iglesia y otros acontecimientos importantes. Se les llamaba «legati de latere» cuando los enviados eran cardenales mandados directamente desde Roma y «legad nati» cuando, como titulares de ciertas sedes arzobispales residenciales de importancia tales como Canterbury, Colonia, Graz, Praga, Reims, Salzburgo, Toledo y York, se les confería poderes especiales por el Papa. El término Nuncio apareció por primera vez en el uso eclesiástico oficial bajo el Papa Gregorio VI, y fue más tarde asociado con el de Recaudador, cuando a una misión diplomática de cualquier clase iba unida una función fiscal, pero fue hasta el 1500, cuando comenzó la Diplomacia a institucionalizarse, cuando el nombre de Nuncio fue reservado para indicar a un enviado diplomático permanente. El Nuncio Apostólico fue un cargo estable en las principales cortes católicas bajo el Papa Gregorio XIII que elevó la representación papal a un sistema organizado y regular.

El derecho de legación emana del carácter soberano de una sociedad y es regulado jurídicamente por las leyes y las costumbres internacionales. De modo que las relaciones diplomáticas de la Santa Sede son praxis internacional ordinaria. El Tratado de Letrán firmado en 1929 entre la Santa Sede e Italia reconoce expresamente la soberanía de la Santa Sede, como lo hacen otros tratados internacionales.

Organización de la Diplomacia papal:

El organismo central de la Diplomacia es la Secretaría de Estado (CURIA II. I), en particular su segunda sección, de relaciones con los Estados, aunque también la primera sección tiene importantes competencias generales.

La segunda sección está presidida por el Secretario de Estado, quien, subordinado al Papa, lleva la alta dirección de la Diplomacia combina las funciones de un Ministro de Asuntos Exteriores con las de un Primer Ministro. Ejerce también la representación oficial del Estado de la Ciudad del Vaticano con relación al intercambio y negociaciones con los diversos Estados. Es asistido por el Sustituto de la Secretaría y por el Subsecretario de relaciones con los Estados.

Los representantes diplomáticos pontificios están clasificados más o menos tomando como referencia al servicio diplomático civil, aunque no comparten los mismos títulos. Nuncios apostólicos, Pro-Nuncios e Internuncios, Encargados de Negocios titulares y Regentes son jefes de misión permanentes. En su ausencia o cuando se está pendiente del nombramiento de sus sucesores, queda temporalmente a cargo de la misión un Encargado de Negocios ad interim.

Un Nuncio pertenece a la clase primera de los agentes diplomáticos (embajadores extraordinarios y plenipotenciarios) y está considerado como el decano del cuerpo diplomático residente en el país, lo cual significa que precede a todos los demás agentes diplomáticos de la misma clase, cualquiera que sea la fecha de su llegada, ejerciendo además funciones de Decano.

Esta costumbre inveterada, (Conceder un cargo importante o de honor) reconocida por el Congreso de Viena en 1815, fue confirmada en la Conferencia de las Naciones Unidas sobre relaciones e inmunidades diplomáticas de Viena de 1961. El Pro-Nuncio es así mismo un agente diplomático de primera clase.

Hasta 1965, cuando se impuso esta clase concreta de cargo diplomático, el título se reservaba para designar a un Nuncio durante el tiempo que permanecía en el cargo después de ser promovido al cardenalato.

La misión tanto del Nuncio como del Pro Nuncio es llamada Nunciatura. Un Internuncio pertenece a la segunda clase de agentes diplomáticos y por tanto, su rango es el de embajador extraordinario y ministro plenipotenciario. Este título fue introducido en 1916 con el fin de proporcionar representantes pontificios a aquellos países que no reconociesen al Nuncio como decano del cuerpo diplomático. Tanto el Encargado de Negocios «titular» como el Regente son agentes diplomáticos de tercera clase. El segundo difiere del primero en que es nombrado jefe de misión con carácter permanente, cuando por razones contingentes no es posible acreditar un diplomático de la clase apropiada.

A finales del siglo XX la Santa Sede mantenía relaciones diplomáticas con más de cien países. Se puede considerar una práctica universalizada de las relaciones diplomáticas de la Santa Sede. El proceso de universalización cobró un fuerte impulso bajo Pablo VI, con la extensión de estas relaciones a numerosos países africanos y asiáticos, y se consolidó bajo Juan Pablo II y el establecimiento de relaciones diplomáticas plenas con países tan significativos como Gran Bretaña y los Estados Unidos, junto con el restablecimiento de relaciones con los países del antiguo bloque comunista.

Según la carta Apostólica «Sollicitudo omnium Ecclesiarum» del 24 jun. 1969, el Representante Pontificio tiene, como función ordinaria, una legatio ad intra que consiste:

1) En informar, de modo estable y objetivo, a la Santa Sede sobre las condiciones de las comunidades eclesiales a las que ha sido enviado, y sobre cuanto pueda tener un reflejo en la vida de la Iglesia y en el bien de las almas;

2) En ayudar, aconsejar y colaborar con las Conferencias Episcopales y con cada uno de los Obispos del territorio que le ha sido confiado, respetando naturalmente el ejercicio de la jurisdicción que les es propia; y si tiene carácter diplomático, una legatio ad extra, cuyo objeto es promover y favorecer las relaciones entre la Santa Sede y el Estado ante el que ha sido acreditado.

El Delegado Apostólico es un Representante Pontificio al cual está sólo confiada la legatio ad intra. Normalmente no tiene ninguna relación oficial con el gobierno del país aunque se le pueden otorgar ciertos privilegios e inmunidades diplomáticas de que gozan los diplomáticos. A menudo su labor allana el camino para el establecimiento de relaciones diplomáticas entre el país al que ha sido enviado y la Santa Sede.

Nuncios, Pro-Nuncios, Internuncios y Delegados apostólicos ordinariamente están investidos de dignidad arzobispal. Su labor no se refiere a intereses terrenos, sino a valores espirituales aun cuando tocan asuntos del orden temporal. El fin primario de su misión es el de servir en verdad y caridad tanto a la Iglesia como a los países a los que han sido enviados. En materia ecuménica, cumplen funciones muy importantes con relación a los dirigentes y miembros de otras Iglesias, para los cuales ellos representan a la cabeza de la Iglesia católica.

El personal oficial de una misión diplomática pontificia incluye a otros eclesiásticos, normalmente adiestrados para el servicio diplomático en la Pontificia Academia Eclesiástica en Roma, que siguen una carrera similar a la del servicio diplomático civil. En el orden de precedencia tienen el rango de Agregados, Secretarios de primera y segunda clase, Auditores de primera y segunda clase y Consejeros.

Todos los miembros del servicio diplomático, durante el ejercicio llevan un pasaporte diplomático expedido por la Secretaría de Estado.

La Santa Sede envía también representantes a organizaciones gubernamentales internacionales que se ocupan de asuntos importantes en materia de lo moral, social, humanitario y cultural. Tienen la categoría de observadores y delegados de la Santa Sede. Además, el Estado de la Ciudad del Vaticano está representado oficialmente en organizaciones gubernamentales internacionales relacionadas con cuestiones de carácter técnico o económico.

Agentes diplomáticos acreditados ante la Santa Sede. Desde finales del siglo XV estuvieron acreditados con un cierto carácter permanente cerca del Romano Pontífice, emisarios diplomáticos de diferentes países. En el siglo XVl establecieron embajadas permanentes. Incluso después de ser arrebatados por Italia todos los Estados pontificios y Roma en 1870, la mayoría de los Estados continuaron acreditando sus representantes diplomáticos cerca del Romano Pontífice, como testimonio de que su intercambio diplomático no estaba basado en el poder temporal de la Santa Sede sino en el reconocimiento de su status jurídico independiente como sujeto de Derecho Público Internacional y por tanto, como entidad pública autónoma, si bien atípica, dotada de soberanía espiritual.

Países cristianos y no cristianos envían sus representantes diplomáticos a la Santa Sede, la cual está dispuesta a tener relaciones con cualquier país con tal de que se respeten las prerrogativas y derechos fundamentales así como el ejercicio de los esenciales derechos humanos.

La regla de reciprocidad es observada generalmente en el intercambio de representantes diplomáticos, pero sin embargo hay varias excepciones. Los diplomáticos acreditados en la Santa Sede no viven en la Ciudad del Vaticano sino en territorio italiano donde a sus misiones se les asegura el poder disfrutar de las inmunidades y prerrogativas diplomáticas, según está previsto en el Art. 12 del Tratado de Letrán.

La Diplomacia sólo puede justificar su existencia si es la expresión del amor de Cristo para todos los hombres y se dedica por entero a la defensa de valores espirituales y morales. Por ser el más antiguo de todos los sistemas de diplomacia, debe renovarse constantemente y trabajar, como el Papa Pablo VI señalaba, «por el bien del mundo, de sus intereses y de su salvación».

La Curia Romana es el conjunto de las instituciones que asisten al Santo Padre en el gobierno de la Iglesia.

Formada por la Secretaría de Estado dividida en Sección para los Asuntos Generales y Sección para las Relaciones con los Estados, para el Culto Divino y la Disciplina de los Sacramentos, para las Causas de los Santos, la Educación Católica, por los Pontificios Consejos para los Laicos, la Promoción de la Unidad de Cristianos, para la Familia, Justicia y Paz, para la Pastoral de los Emigrantes y Itinerantes, para la Pastoral de los Agentes Sanitarios, para los Textos Legislativos, para el Diálogo Interreligioso, de la Cultura, para las Comunicaciones Sociales, por los Tribunales Penitenciaría Apostólica, Tribunal Supremo de la Signatura Apostólica, Rota Romana), por las Oficinas Cámara Apostólica, Administración del Patrimonio de la Sede Apostólica, Prefectura para los Asuntos Económicos de la Santa Sede, por los otros organismos de la Curia Romana (Prefectura de la Casa Pontificia, Oficina de las Celebraciones Litúrgicas del Sumo Pontífice, Oficina de Prensa de la Santa Sede, Oficina Central de Estadística de la Iglesia, por las Pontificias Comisiones para los Bienes Culturales de la Iglesia, para Arqueología Sacra, Bíblica, para la Revisión y Enmendación de la Vulgata, por las Instituciones Vinculadas a la Santa Sede Archivo Secreto Vaticano, Biblioteca Apostólica Vaticana, Tipografía Vaticana, Librería Editora Vaticana, Radio Vaticana, Centro Televisivo Vaticano, Fabrica de San Pedro, Oficina Central para Asuntos Laborales, por los Pontificios Comités y Comisiones Cardenalicias.

(BIBLIOGRAFIA DE LOS ARCHIVOS DEL VATICANO EN ROMA)

CAPÍTULO 2

La Composición Social y la Aplicación de sus códigos

MORAL Y ÉTICA

La moral, es parte integral del individuo debido a su formación. Desde que nacemos hasta que salimos de la dependencia directa de la familia. Escuchamos con frecuencia a nuestros padres establecer diferencia entre lo bueno y lo malo y así vamos conociendo y grabando una serie de deberes y tipificando "lo que no debemos y si debemos hacer" en cada una de las circunstancias de la vida de acuerdo con el orden social en que vivimos.

Los especialistas de la conducta aseguran que al cumplir los seis (6) años esta formada la personalidad, porque ya hemos grabado en nuestra conciencia "lo correcto y lo incorrecto"

Sin embargo solo al conocer la materia "Ética" es cuando aprendemos que es lo correcto en el ejercicio de la profesión. Es ahí donde se descubre la breve, pero clara diferencia entre "Moral y la Ética". Es que la moral esta compuesta por una seria de conceptos grabados en nuestro subconsciente para el diario vivir referentes a normas y valores del entorno social donde vivimos.

Más la Ética es la forma en que obramos correctamente en el ejercicio de nuestra carrera profesional. Estas normas se entrelazan; son como dos líneas que tienen su fundamento en el bien común, ya que ambas generan efectos de bienestar.

(Hacer dinámica de grupo respecto de temas morales y temas éticos)

DIPLOMACIA

Definición:

Ciencia dedicada al estudio y práctica de las relaciones internacionales entre Estados.

Ciencia: Conjunto de conocimientos y doctrinas metódicamente ordenado, relativo a una materia determinada.

Recordemos por ejemplo la frase del Norteamericano Robert Mc Clinton "Advierte la dualidad de funciones del diplomático, su diplomacia debe convencer no solo a un gobierno, sino a dos o más y quizás lo más difícil sea convencer al propio". Es decir que el diplomático debe tener un perfil capaz de representar a su Estado y al que ha sido conferido su misión.

Es por eso que debemos recordar que el diplomático no es él, es una bandera, un escudo, una identidad, símbolos y conceptos que debe representar con dignidad, sin transgredir las leyes y principios del Estado ante el cual cumple su misión.

HISTORIA DE LA DIPLOMACIA CIVIL

La costumbre de enviar lo que hoy día llamamos misiones diplomáticas se remonta a los tiempos más antiguos entre los pueblos civilizados. Sin embargo, el término "diplomacia" es de uso reciente. Se dice que fue acuñado para el lenguaje moderno por el cardenal Richelieu (1585-1642). La costumbre en Occidente de enviar misiones diplomáticas se consolidó con el imperio romano, pero sufrió una gran crisis con las invasiones de los bárbaros durante la edad Media. Lo contrario ocurrió en Oriente, al abrigo del imperio de Constantinopla. Fueron los hombres del Estado italiano los que en la Edad Media y más aún durante el segundo renacimiento, corrompieron la diplomacia, convirtiéndola en un arte sutil con predominio de la astucia al servicio de la intriga política.

La diplomacia como institución pública se consolidó durante el segundo renacimiento con el nacimiento de las repúblicas y principados. Esto trajo consigo la necesidad de establecer un sistema de relaciones diplomáticas entre los nuevos Gobiernos. Hasta

la segunda mitad del siglo XV estas relaciones se
llevaban a cabo mediante legaciones personales
pasajeras. El diplomático era un representante o
delegado personal que cumplía misiones ocasionales
en nombre de su soberano. La ampliación progresiva
del horizonte geopolítico a finales del siglo XV obligó
a adaptar la forma de representación tradicional a
nuevas formas de relaciones internacionales inspiradas
en un nuevo concepto de soberanía, el soberano
es una persona física con derecho a representación
diplomática en nombre de la colectividad. Es dentro
de este concepto nuevo de orden internacional y
político donde aparecen los embajadores modernos
como representantes de las nuevas repúblicas, del
Emperador o del Papa. Según los historiadores, el
primero en utilizar las embajadas permanentes al estilo
moderno fue Enrique VII de Inglaterra (1457-1509).
No obstante, el verdadero iniciador del sistema de
embajadas, que comprende misiones diversas y de
forma permanente fue el cardenal Richelieu. Esta
transformación fue jurídicamente reconocida a raíz
del tratado de Westphalia en 1648 y culminó en el
Congreso de Viena de 1815. En aquella ocasión se
definió la presencia de los agentes diplomáticos
de forma reglamentada. Normativa ésta que fue
completada después en Aix-la-Chapelle en 1818.

En el año 1961, la Conferencia de Viena revisó
el status de los agentes diplomáticos orientando
sus actividades hacia la promoción de la amistad
entre los pueblos respetando la diversidad de los
regímenes políticos y socio-culturales. Para mejor
cumplir con esa misión se definieron también los

privilegios e inmunidades de los cuerpos diplomáticos acreditados. Se impuso el criterio de que la política debe estar subordinada a los principios del derecho y a la salvaguardia de la paz entre los pueblos. Los conflictos entre naciones deben resolverse mediante conversaciones de paz y no mediante el recurso de la guerra. En este contexto la diplomacia tiende a ser pragmática y se ha liberado de la fastuosidad de otros tiempos. El diplomático clásico era un orador o retórico, que ha sido sustituido por los agregados comerciales, culturales, militares, de prensa y otros expertos, según lugares y circunstancias. Prevalece el realismo de los problemas prácticos, cuya solución exige más preparación y competencia profesional que solemnidades y fastos sociales.

Los diplomáticos antiguos defendían a capa y espada los intereses de sus países respectivos, incluso en abierta rivalidad. El buen diplomático moderno, en cambio, es un programador que busca fórmulas ventajosas para todas las partes en litigio presenta soluciones de utilidad recíproca en nombre del bien común. La buena diplomacia se interpreta como alternativa humana al aislamiento y a la guerra.

La paz y la comprensión es el motor de la buena opinión, tan apreciada por los profesionales de las relaciones públicas. Lo ideal sería que las relaciones diplomáticas fueran capaces de desarmar a los ejércitos más poderosos con la paz, fruto del diálogo paciente y la mutua comprensión entre las parte beligerantes. Para llevar a cabo tan noble misión, el diplomático debe aprender el arte de la paciencia y del saber esperar para llegar a la paz superando todos los obstáculos emergentes durante los procesos de negociación.

Las normas de regulación de la actividad fueron, en su mayoría, de origen consuetudinario, cristalizándose en la <u>Convención de Viena sobre Relaciones Diplomáticas</u> del 18 de abril de 1961. De acuerdo a este elemento del derecho internacional público, las **funciones** del agente diplomático son:

a) **Normales**

- proteger los intereses del Estado acreditante en el Estado receptor

- fomentar las relaciones amistosas

- ejercer (ciertas) funciones consulares

b) **Excepcionales**

- representar los intereses de un 3° Estado en el Estado receptor

- representar a un 3° Estado, el cual no posea representación en el Estado que lo recibe

Para la consecución de estos objetivos, los **medios** de los cuales se sirve son:

- Representar al Estado del cual es originario.

- Negociar con el Estado receptor.

- Informar a su Estado, por todos los medios lícitos.

Tipos de Misiones diplomáticas:

Diplomacia Bilateral Ante Estados

La misión permanente es un órgano a través del cual se deposita potencialmente toda la representación del Estado acreditante, comprendiendo todas las funciones, actividades y poderes, por tiempo ilimitado.

Ese "conjunto de representación" se integra con elementos materiales (Locales, archivos, documentos, vehículos y diversos bienes) y con un grupo de personas (los miembros de la misión); así como, por el estatuto jurídico especial que los regula, que establece los derechos y las obligaciones de la misión y de sus miembros, regulando además la relación con el Estado acreditante y el receptor.

Las funciones de las misiones diplomáticas permanentes ante los Estados se enuncian (no taxativamente) en el artículo 3 de la Convención de Viena de 1961 y son: la representación del Estado acreditante, la protección de los intereses de Estado acreditante y de sus nacionales, la negociación, la observación por todos los medios lícitos de las condiciones y acontecimientos del Estado receptor para luego informar de ella a su Estado y el fomento y desarrollo de las relaciones amistosas, diplomáticas, económicas, culturales y científicas.

(Bibliografía: Cancilleria de Chile, y de las Naciones Unidas, (ONU)

CAPÍTULO 3

LA CONVENCIÓN DE VIENA SOBRE LAS RELACIONES DIPLOMÁTICAS

La carta magna de las relaciones diplomáticas contemporáneas es el texto o Convenio firmado en Viena el 18 de abril de 1961, bajo los auspicios de las Naciones Unidas. Las funciones principales encomendadas a la comunicación diplomática son representar, proteger y negociar los intereses del Estado representado en el Estado receptor y enterarse por medios honestos de la situación y de los acontecimientos en el Estado receptor para informar oportunamente con la mayor objetividad posible al Estado acreditante.

Finalmente, fomentar las relaciones amistosas y el desarrollo de las relaciones económicas, culturales y científicas entre el Estado acreditante y el receptor.

Otros aspectos importantes son los relativos a la inviolabilidad de los locales y bienes del cuerpo diplomático acreditado, así como lo referente a la libre comunicación del personal diplomático para todos los asuntos oficiales. La correspondencia de la misión diplomática es inviolable y se establecen normas concretas sobre el correo diplomático y la forma de transporte de la valija diplomática.

Varios artículos hablan de los privilegios e inmunidades de los agentes diplomáticos acreditados. La protección jurídica del personal diplomático en el país de destino se extiende a sus familiares y al personal de servicio en el desempeño de sus funciones oficiales.

Este texto básico se complementó con el Convenio de Viena sobre las Relaciones Consulares, del 24 de abril de 1963. En dicho texto se habla de la persona no grata, y se definen con más precisión otros aspectos tales como la inviolabilidad de los locales consulares y la libertad de tránsito. Salvo que por razones de seguridad nacional se establezca otra cosa, el Estado receptor "garantiza la libertad de tránsito y de circulación en su territorio a todos los miembros de la oficina consular". En este documento se habla prolijamente de los privilegios e inmunidades del personal diplomático, extensivos a familiares y colaboradores. Reviste particular interés el artículo 35, sobre la libertad de comunicación. Textualmente: "La oficina consular podrá utilizar los medios de comunicación apropiados, entre ellos los correos diplomáticos o consulares, la valija diplomática o consular y los mensajes en clave o cifra, para comunicarse con el gobierno, con las misiones diplomáticas y con los demás consulados del estado que envía, donde quiera que se encuentren.

Sin embargo, solamente con el consentimiento del Estado receptor podrá la oficina consular instalar y utilizar una emisora de radio". Cuando fue redactado este texto no era previsible el gran desarrollo técnico posterior de los medios de comunicación pero es de admirar el deseo de libertad de expresión reflejado en el mismo.

Las relaciones diplomáticas, no obstante, gozan de una libertad de expresión muy limitada. Hay comunicación social pero rigurosamente controlada y secreta para el público en general. Las relaciones diplomáticas son públicas porque públicas son las instituciones que se comunican entre sí y de interés público son la mayoría de los asuntos tratados. Pero hay secretismo en el modo de efectuarse la comunicación. Aún en los casos en que se realiza públicamente se hace de modo restringido y controlado. La censura previa es elemento constitutivo de las relaciones diplomáticas. El ideal de la verdadera diplomacia es la promoción de la paz y el entendimiento respetuoso entre los gobiernos mediante el conocimiento de sus intereses, para lo cual nada mejor que un buen servicio de información objetiva y veraz. Actualmente, sin embargo, es bien sabido que durante los últimos decenios muchas embajadas fueron centros activos de "desinformación" y de intriga internacional. Es obvio que, como dijo en su día Margaret Thatcher, el Convenio de Viena de 1961 debía ser revisado y actualizado.

La Ética Moral nace con el desarrollo espiritual del hombre, si leemos los diez mandamientos obtendremos las técnicas e instrucciones generales del bien común. Diez mandamientos que fueron resumidos en dos, "Amaras al Sr. Tu Dios por sobretodas las cosas y a tu prójimo como a ti mismo"

Sin embargo, es hoy cuando más reflexionamos en el estudio del respeto de los derechos individuales, cuando podemos comprender más la predicción evangelizadora de Jesús quien fue el más grande diplomático de todos los tiempos.

Fue capaz de disponer de la humildad para enseñar al hombre el desprendimiento de las riquezas materiales y demostrar con su ejercicio que lo más importante de las sociedades es el respeto al ser humano, dando cátedras de vivir en comunidad, de modo que cada uno considere al prójimo sin exceptuar a nadie, como así mismo, considerando sus necesidades vitales y los medios conducentes para una vida digna, por consiguiente rechazando el egoísmo y los extremos de maldad que este genera, puesto que todos los hombres dotados de alma racional tienen la misma naturaleza y un mismo origen, gozan de la misma redención divina que otorga Dios a través de su hijo Jesucristo.

Toda discriminación de los derechos fundamentales de la persona ya sea social, cultural, sexo, raza, color o religión, son contrarios al plan de la humanidad.

Las obligaciones no deben verse como imposiciones, sino como una guía de comportamiento para cada individuo. El respeto y la fidelidad de los seres humanos es una manifestación del bienestar social.

En los últimos años la inversión de valores, nos obliga a retomar antiguos códigos morales para revisar la escala, compararla con las actuales y demostrar que las acciones repercuten en pro o en contra de los individuos y de su futuro, las normas morales están reglamentadas por las costumbres, cuando alguien las viola altera el espíritu social.

La Moral:

Es la apreciación y el entendimiento de la conciencia; corresponde al fuero interno y al respeto, trata del bien y de las acciones humanas, es un conjunto de facultades del Espíritu.

Características de la Imagen Personal:

Las características de la moral son apreciadas por un conjunto de normas de comportamiento social.

Muchas son las reglas que aplican, si embargo para el desempeño de la diplomacia una importante es la imagen: El cuerpo es la casa del espíritu y por tanto todo comienza por el cuidado del cuerpo físico, por lo que debemos observar algunas normas conductuales para poseer un cuerpo sano que nos permita ser creíbles en nuestro discurso al tiempo de ser bien aceptados en la sociedad.

El aseo personal es innegociable, todo comienza con la imagen.

La ropa deberá estar limpia y bien planchada y los colores deberán ser escogidos en combinación discreta.

Existe un estudio denominado codificación de colores que se hace para establecer los colores que armonicen con la pigmentación de la piel de los individuos y de acuerdo con este estudio se establece la estación a la que pertenece la persona y así aprenderá que algunos colores y matices no deben usarlos jamás porque no armonizan con su piel.

Es conveniente no usar más de tres colores al mismo tiempo, es preferible solo dos.

Los zapatos deben estar bien lustrados siempre.

La imagen es la primera impresión que se lleva la persona al verle, por tal razón debe recordar que nunca habrá una segunda oportunidad de causar una primera impresión.

Cuando la imagen es agradable a la vista ya llevamos ganado uno de los cinco sentidos que intervienen en la comunicación y por lo tanto será más fácil negociar cualquier tema.

Usted se estará preguntando como un libro de ética diplomática habla de la higiene y la imagen, lo que pasa es que un diplomático no es el es una bandera un escudo, es la imagen de un país, en tal virtud se requiere una buena presencia física, para poder ser convincente a la hora de representar un país.

La primera impresión es importante ella habré un canal de comunicación entre las personas, los cinco sentidos son los censores por donde entran los mensajes y la vista es el primer contacto que tenemos con los demás.

La imagen no es solamente cuerpo y vestido sino también voz. En tal virtud es recomendable aprender a hablar. La voz es la herramienta que nos permite comunicar con más precisión los mensajes, de manera que recomendamos aprender a respirar para tener buena fluidez en el discurso o conversación.

Es importante tener seguridad al hablar ya que esto da muestras de que dominamos el tema. Una voz insegura resta credibilidad a lo que decimos y podríamos quedar mal ante las personas que nos escuchan.

De ese mismo modo es preciso conocer el tema de que se trate, jamás aborde uno que desconozca.

El miedo escénico es el principal enemigo, hay que luchar contra el y las armas principales son:

- Estudiar bien el tema antes de tratarlo.

- Elaborar fichas que sirvan de soporte solo con las ideas principales.

- Ensayar frente a un espejo la fluidez, los gestos, la dicción, los movimientos, y escucharse grabando antes el discurso para modular la voz y acentuar en los momentos en que el discurso lo requiera.

Estas recomendaciones son validas para un discurso ante el gran público, y también para cualquier participación en reuniones informales o de grupo.

La afabilidad y cortesía son virtudes que adornan la personalidad y deben estar presentes en todos los actos de la vida diaria.

Sobre Reuniones:

En las reuniones que no pasan de ocho o diez personas, cuando alguien habla los demás deberán escuchar con atención y agrado; en caso de que sean mucho más de diez, las personas pueden abordar temas diferentes con quienes les queden al lado.

Cuando una persona toca, declama o canta en un grupo, los demás deberán escuchar con atención, hablar es una falta de cortesía distraerse o distraer a los demás.

En una reunión no se debe mostrar distraído o desinteresado del tema, pero tampoco debe ser el único que hable, ambos extremos son de muy mal gusto y muestra falta de consideración.

Al hablar es preciso pronunciar bien las palabras con claridad y sin usar palabras obscenas o groseras.

En el trabajo:

En el trabajo debemos observar ciertas reglas de urbanidad, es una obligación del individuo el trabajo y es ahí donde pasamos la mayor parte del tiempo de manera que es preciso tener un comportamiento adecuado en el mismo, ya que esto habla de nuestra formación. Al llegar es importante el saludo cordial y afectuoso, sin caer en los extremos.

El lugar de trabajo y los útiles deberán estar limpios y ordenados, sin montones de expedientes sobre el escritorio, solo se trabajara un caso a la vez y luego se guarda y se toma el siguiente.

Es importante para un funcionario llevar una agenda que deberá cumplir a cabalidad, escribir unos puntos diariamente e ir tachando los realizados, si algunos quedan inconclusos en una jornada laboral, será necesario concluirlo al día siguiente, no debemos dejar a la memoria nada, a todo debe dársele un seguimiento adecuado hasta concluir satisfactoriamente el caso, por muy pequeño que parezca todo tiene importancia si llega ha nuestra oficina.

Al finalizar el día hay que procurar apagar los equipos y ordenar todo asegurándonos de cerrar gavetas y bóvedas, así como puertas o ventanas, cualquier descuido podría ocasionar perdidas lamentables, al salir también debemos despedirnos con toda la cortesía posible.

Recepciones y almuerzos:

Comer es una acción principalísima de la vida, es por esa razón que debemos aprender todo lo concerniente a este tipo de actividad. Regularmente se ofrecen Banquetes para tratar asuntos y negociaciones, es preciso conocer el protocolo de cada país antes de ofrecerlo.

Sobre los alimentos adecuados para una buena salud; y la forma de comerlos, y las herramientas que se usan a la hora de la mesa.

No debemos tomar asiento en la mesa, antes que se hayan sentado las persona más adultas, así como la de más alto rango y nuestros invitados.

Los codos deberán permanecer fuera de la mesa; nunca debemos extender demasiado los brazos para alcanzar los alimentos, si otra persona queda cerca debemos pedir que los acerquen.

Jamás llevar el cuchillo a la boca, ya que este solo se usa para cortar, la cuchara o el tenedor no deberán llenarse demasiado para evitar que se caiga comida mientras la llevamos a la boca, evite hacer ruidos al comer.

No es correcto engullir los alimentos con avidez, pero tampoco con desgano, nunca se deben hacer gestos de desagrado o mal olor en la mesa, así tocar temas desagradables.

No es correcto hacer ruidos con la boca, ni chocar los cubiertos con los dientes, ni absorber las sopas o caldos, tampoco se deben soplar los alimentos para enfriarlos, es mejor esperar un poco de tiempo.

Es incorrecto beber vino o agua mientras la boca tiene comida, hay que masticar y tragar antes. Evite lo más que pueda la ingesta de alcohol, pues podría alterar el comportamiento y perder la lucidez y no tendría control del objetivo de su negociación.

Se debe evitar lo más que se pueda estornudar en la mesa. Si somos anfitriones debemos invitar a la mesa y comenzar a servir para abrir el almuerzo, el anfitrión deberá sentarse en la silla principal de la mesa y a su derecha la persona más importante en rango, prestigio o edad.

Si es casado su pareja estará en la otra cabecera de la mesa.

El orden de servir los alimentos:

Si es buffet el anfitrión abrirá y las personas se servirán de acuerdo a lo que gusten, si es plateado se le colocaran en la mesa primero alguna entrada que puede ser al gusto o pre seleccionado, luego el plato fuerte y después el postre o café.

Es preferible servir el café en otra área que no sea el comedor, podría ser una sala de estar, para disfrutarlo, mientras se tratan temas que podrían ser triviales y ligeros.

> Para preparar una comida, cuando tenemos invitados, es necesario saber la cantidad de persona que asistirá y el gusto de estas, a fin de elegir un menú adecuado a nuestros invitados, eso no se puede improvisar. ¿Imagínese que usted sirva carnes variadas y sus invitados sean vegetarianos?

Si se hace difícil saber los gustos de nuestros invitados seleccionaremos una variedad en el menú que permita escoger entre ellos ya sean vegetarianos o no.

Protocolo Administrativo:

La Diplomacia tiene reglas protocolares que les son inherentes a su ejercicio, tales como la presentación de cartas credenciales.

(Describir un evento de presentación de credenciales y hacer practica)

La Importancia De La Ética:

Son pocas las carreras que aún carecen de un código de ética, esto así por la necesidad que tiene el hombre en sociedad de organizarse. No sólo en ética, sino en el contexto jurídico, existen códigos como el penal, civil, laboral, más que nada con el propósito sabio del legislador de regular la aplicación de las leyes.

Las organizaciones internacionales nos exigen mantener criterios elevados de las relaciones humanas a fin de representar con moralidad en los países donde se nos confiere un compromiso. Lógicamente, surgen las negociaciones, recepciones y eventos de distintos géneros donde debemos exhibir un comportamiento ético adecuado.

La Diplomacia es "El arte de representar a los Estados ante otros, o el conjunto de reglas prácticas referente a las relaciones pacificas y a las negociaciones entre Estados".

La ética Diplomática emerge como ente supletorio del bien común para el entorno social diplomático.

La diplomacia contemporánea fue calificada de impotente por no evitar los conflictos armados; hoy día, la incompetencia de algunos diplomáticos es resaltada en los medios de comunicación; sin embargo, no se publican de igual forma los eventos que son evitados por una bien lograda relación entre los Estados.

Las exigencias continuas demandan de una diplomacia democrática, cuyas primeras características deberán ser siempre:

- La obligación de conocer los acuerdos internacionales y respetarlos.

- El principio de igualdad soberana de todos los países miembros, de cumplir de buena fe las obligaciones contraídas.

Desde el siglo XV, refiere la historia diplomática, se inician designaciones de embajadores; luego, en el año 1815 a través de la Convención de Viena, se describen las reglas del ejercicio Diplomático. A través de los años ha sido necesario revisar y evaluar estos acuerdos, en virtud de su incapacidad para controlar y evitar las sangrientas y traumáticas 1era y 2da Guerras Mundiales.

Los acuerdos adquieren nuevas perspectivas y se asumen compromisos entre los Estados que deberán ofrecernos lo que hoy conocemos como Relaciones Internacionales, basadas en acuerdos jurídicos que son y deberán ser inviolables por los Estados Miembros y sobre todo, si estos han ratificado dichos acuerdos.

La Convención de Viena, desde el año 1961, traza claras las reglas del juego reglamentando el manejo de las Relaciones Internacionales entre los Estados Soberanos. Se codifican las normas que existían y se determina el lugar o status de los representantes, los rangos y sus categorías, así como las funciones e inmunidades de que disfrutarían para el buen ejercicio de sus misiones.

Congreso de Viena:

La reunión se celebró desde el 1 de noviembre de 1814 hasta el 8 de junio de 1815 en Viena, capital del Imperio Austriaco, y los pactos a los que se llegó tuvieron una vigencia casi inamovible en los territorios orientales y centrales europeos hasta el final de la I Guerra Mundial, en 1918.

Las decisiones más relevantes:

Como resultado de las negociaciones sostenidas en el Congreso, Francia perdió todos los territorios conquistados por Napoleón, se ratificó la fundación del reino de los Países Bajos, gobernado por la dinastía Orange y con Guillermo I como primer titular; Noruega y Suecia permanecieron unidas bajo la corona de Carlos XIII; y se garantizó la independencia y neutralidad de los cantones suizos, reorganizados en el marco de una Confederación Helvética. Asimismo, Rusia recibió la mayor parte del suprimido gran ducado de Varsovia, convertido en reino de Polonia, con Alejandro I como monarca; Prusia recibió la Prusia Occidental, Poseen (en la actualidad la provincia polaca de Pozna), la mitad norte de Sajonia y gran parte de las provincias del Rin y del extinguido reino de Westfalia; Hannover consiguió nuevos territorios y pasó a ser un reino; se le restituyeron al Imperio Austriaco la mayoría de las zonas que había perdido frente a Napoleón y se le concedieron otras nuevas en territorio bávaro (Tirol y Salzburgo) e italiano (Lombardía y el Véneto) para compensar la privación de los Países Bajos austriacos.

La antigua región veneciana de Dalmacia (en la actualidad, Croacia) también pasó a manos de Austria; Gran Bretaña se anexionó la Colonia de El Cabo en Suráfrica, Ceilán (en la actualidad Sri Lanka), isla Mauricio, Helgoland, Malta, las islas Jónicas, Trinidad y Tobago y la Guayana; el reino de Piamonte-Cerdeña recuperó el condado de Niza y Saboya y recibió Génova; Fernando I de Borbón fue restaurado en el trono del reino de las Dos Sicilias, y los ducados de Parma, Plasencia (Piacenza) y Guastalla le fueron otorgados a la esposa de Napoleón, la archiduquesa de Austria María Luisa de Habsburgo-Lorena (hija del emperador austriaco Francisco I). La comisión territorial que se reunió en Frankfurt del Main decidió en 1819 la creación de la Confederación Germánica, una unión de 39 estados soberanos entre ellos Prusia presidida por el Imperio Austriaco. Aunque el rey de España Fernando VII tuvo cierto apoyo de carácter moral, no consiguió que las potencias reunidas en Viena le ayudaran en sus deseos de recuperar los dominios españoles en América, entonces en proceso de independencia.

El Congreso tomó la importante decisión de condenar el comercio de esclavos y permitió la libre navegación sobre los ríos que atravesaban varios estados o representaban una frontera interestatal. Su principal logro fue el restablecimiento del equilibrio de poder entre las potencias europeas.

No obstante, la paz sólo se consiguió mediante el establecimiento del absolutismo como principio básico de la política internacional, impuesto desde la organización de la Santa Alianza, que a partir de septiembre de 1815 y mediante periódicos congresos eliminó todas aquellas manifestaciones que pudieran suponer la implantación en Europa de regímenes liberales o la independencia nacional de aquellos pueblos integrados en las potencias hegemónicas.

En virtud de las constantes contradicciones y el abuso de los derechos y poderes, sobre todo de los países poderosos, ha sido necesario reglamentar además las normas y derechos establecidos hasta poder lograr el fin ulterior de unas relaciones armoniosas que permitan el logro del objetivo principal:

"La Paz Mundial".

Carta de las Naciones Unidas (ONU):

La carta de la Organización de las Naciones Unidas (ONU) firmada el 24 de Octubre del 1945 en San Francisco California, marcó el inicio de una nueva era en las relaciones internacionales del siglo XX, pues intentaba regular éstas y preservar el principio de seguridad colectiva. Propugna por la paz mundial y la seguridad internacional, desarrollando relaciones de amistad entre las naciones; a partir de esta carta los países miembros se comprometen a alcanzar una cooperación internacional, fundada sobre las relaciones de amistad entre las naciones, en la solución de problemas económicos, sociales, culturales o humanitarios, además se compromete también a fomentar el respeto por los derechos humanos y las libertades fundamentales, a cumplir las obligaciones que han asumido, a resolver disputas internacionales a través de medios pacíficos y a no utilizar la amenaza o el uso de la fuerza, dejando establecidas normas generales que obligan a los Estados a generar acuerdos pacíficos para resolver los conflictos de intereses.

Aunque así no parezca, todos somos protagonistas o espectadores de este singular proceso, el análisis del concepto Ética y su relación con los actos humanos es más bien como un ensayo necesario para la sociedad descubrir dónde aplica, en qué consiste y los beneficios que genera al individuo adoptar un ejercicio ético en su profesión, fuere esta cual fuere. Este ejercicio genera, sin temor a equivocarnos, un beneficio pecuniario y a la larga un status privilegiado que lo va colocando en un lugar destacado de la sociedad.

NEGOCIACIONES, ACUERDOS Y CONVENCIONES:

Las negociaciones pueden ser bilaterales o multilaterales, de acuerdo con el contexto donde se realicen, pero en cualquiera de los casos no podrán jamás estar despropósitos de las normas Éticas Diplomáticas.

Las funciones normativas de las organizaciones internacionales, superan las propias culturas de los Estados llegando a formalizar a través de acuerdos y convenios con fuerza de ley aportes importantes que enriquecen la Declaración Universal de los Derechos Humanos.

Muchos son los beneficios que se vienen logrando a través de las convenciones y acuerdos entre Estados, por ejemplo la II Convención Internacional sobre medio ambiente y Desarrollo, celebrado del 14 al 18 de Junio del 1999 en el palacio de Convenciones de la Habana en Cuba destaca la importancia del medio ambiente y la preservación de la salud, en piases como estos se debaten logísticas de protección ambiental que fomentan una cultura de respeto a la vida.

La Conferencia de la Naciones Unidas para el medio ambiente y el desarrollo, celebrada en Río de Janeiro en 1992, genera una condición mundial cultural proteccionista de la vida natural (Esta conferencia se conoce también como la Declaración de Río o Cumbre de la Tierra).

La organización de la comunidad internacional recurre además a la Organización de las Naciones Unidas para la Educación, la Ciencia y al Cultura (UNESCO) que se crea con el fin de alcanzar a través de la cooperación de las naciones del mundo en las áreas de la educación, objetivos de paz internacional y de bienestar general para toda la humanidad; la solidaridad intelectual y moral, lo cual solo puede lograrse a través del respeto a la soberanía nacional y el estudio de las culturas del mundo. Es necesario ver el planeta como una aldea donde todos somos hermanos; donde el dolor ajeno sea el propio; y es por eso que en el estudio de la Ética Diplomática es necesario compartir los aportes filosóficos que nos legaron grandes líderes sociales como Jesucristo, la Madre Teresa de Calcuta, Mahatma Gandhi, El Papa Juan Pablo II y el mas reciente Nelson Mandela, entre otros, quienes obraron como embajadores de la paz y en sus biografías se observa por norte, el desprendimiento de los vicios de la carne y una marcada entrega a los nobles ideales que aún perduran.

1.2. OBLIGATORIEDAD DE LA ÉTICA:

¿Qué misterio tan sublime habrá en todo esto? ... el hablar de ética nos hace reflexionar sobre las teorías de Adler cuando dice que "Cada persona debe finalmente moldear su propia vida dentro del contexto de un ambiente que frecuentemente exige mucho y debe enfrentarse a él con las habilidades limitadas que posee", y señala además que "El individuo representa tanto una unidad de personalidad y la formación individual de tal unidad". En consecuencia, el individuo es tanto la obra de arte como el artista; el artista no es ni un trabajador infalible ni una persona con una comprensión total de la mente y el cuerpo, más bien es un ser humano débil, extremadamente falible e imperfecto.

Los estudiosos de la naturaleza humana han reconocido la fragilidad de ésta.

La humanidad ha debido asociarse precisamente por su incapacidad de subsistencia individual, esto lo podemos comprobar en todos los subsistemas del organigrama social: "El jefe" como se denomina en honor a las herencias dictatoriales arraigadas que aun tenemos, no sería nadie sin una secretaria o asistente.

Así podemos analizar los auxiliares de oficina, los rasos del ejercito, los conserjes en fin de todo aquel a quien corresponde quedarse debajo para que los demás puedan subir hasta la altura del poder pisando esos escalones humanos.

Esas reglas hay que conocerlas para tratar hasta el agotamiento si es preciso, de formar una Personalidad Ética adecuada al modelo de sociedad que deseamos construir, ya que vivimos en una "Aldea planetaria".

La definición que dan algunos autores sobre "Ética" cuando refieren que Ética es la parte de la filosofía que trata de la moral y de las obligaciones del hombre; lógicamente nos lleva a la reflexión de que si se trata de las obligaciones del hombre; será obligatoria su aplicación y toda obligación conlleva consecuencias en el cumplimiento o no de las mismas.

(Practica sobre consecuencias de la violación ética de un diplomático preferible usar ejemplo real para comprensión del estudiante)

LA PERSONALIDAD ÉTICA:

Se inicia con la base moral que se obtiene de la familia, la moral en sus inicios y la ética en el desarrollo de la vida, tiene el hogar la facultad de formar la base inicial de la moral que ajustará a la personalidad del individuo y lo guiará por caminos éticos para entrar en contacto con el mismo y autoanalizar los conflictos internos que suelen tener para despejarlos.

Reflexiones :

- Conocer nuestros sentimientos y vocacion aprender a expresarlos.

- Respetar el proceso de la vida.]

- Evitar responsabilizar a otros de lo que nos ocurre.

- Poder controlar el ejercicio del poder cuando se nos otorgue.

- Asumir responsabilidades sin rehuirlas.

- Capacidad para administrar los recursos que poseemos.

- Es preciso trabajar mucho y duro, pero no todo el tiempo, a veces trabajar todo el día es una estrategia para escapar de la realidad, y es saludable enfrentarla.

- Los problemas y conflictos que se presentan en el diario vivir, no son más que pequeños exámenes, para evaluar que tanto hemos estudiado y aprendido, por lo que resolverlos es compensatorio.

- Ser coherente con lo que se piensa, se dice y se hace, nos permite formar una imagen diáfana y confiable.

- El vestir bien no es un gasto es una inversión.

- Nunca habrá una segunda oportunidad de causar una primera impresión.

- Nadie te puede hacer sentir mal sin tu consentimiento.

- Recuerda el universo no gira a tu alrededor, tú eres parte de él.

1.3. PROCESO NORMATIVO DE LA ÉTICA:

El hombre desde su aparición en la faz de la tierra ha requerido de pautas y normas para el bien común. La conciencia es un estado que nos permite actuar con claridad sobre lo que conocemos conscientemente, y al referirnos al proceso normativo de la Ética, debemos analizar el desarrollo de la misma y de esa forma podremos entender que un acto ético es una acción conciente que dirige la conducta hacia el logro del bien común. La ética como parte rigurosa de la filosofía nos permite crear hábitos que generan el bien común.

Los atributos constitutivos de la Ética se han venido pautando como normas escritas en diferentes épocas, no se ha logrado sin embargo la perfección de los códigos, pero con el desarrollo histórico del hombre cada vez más consciente de la necesidad de normar la conducta, se avanza en la convicción de crear pautas claras de vida en sociedad.

El aspecto normativo de la moral lo constituyen las reglas preestablecidas que nos indican como deberá ser el comportamiento de las personas en sociedad.

El estudio de la ética y la moral así como la superación intelectual de los pueblos les permiten erigirse sobre los baluartes de la paz y la solidaridad, el fenómeno y la transferencia de conocimientos basados en la investigación prevalece en el ejercicio ético de un diplomático.

TEMA II

EL DEBER

Hemos hablado sobre el deber, y sabemos que esta es la obligación de toda persona de cumplir con las normas de conductas establecidas en la sociedad dispuestas por la justicia, del mismo modo que tenemos derechos así tenemos deberes.

Si tenemos el derecho de vivir, tenemos el deber de preservar la vida, si tenemos el libre derecho de tránsito así debemos respetar el derecho de los demás a transitar sin obstruir ese derecho. Como dijo Benito Juárez "El respeto al derecho ajeno es la paz".

DEBERES PROFESIONALES

Toda profesión encierra una serie de deberes éticos que deberán ser observados, aprendidos y ejercidos. Es necesario ser competente en la actividad que se desempeña sea cual fuere, mientras más se consagra en investigaciones y ejercicio ético, más probabilidades existen de obtener el éxito que se desea.

Los deberes profesionales están tipificados en códigos de Ética, por ejemplo:

• El código del periodista, dispone la forma de ejercer que debe observar el comunicador social, procurando siempre informar sin distorsionar la verdad y sin dañar a los demás miembros de la comunidad social.

- Así mismo, el código de ética de los médicos contempla las normativas del ejercicio médico y así cada profesión tiene sus deberes claramente establecidos.

- Un código deontológico de la Ética de la diplomacia debe explicar claro en las distintas formas que se debe ejercer con ética la diplomacia.

LA DISCRECIÓN:

Saber guardar silencio es los casos que así lo ameriten, eleva la figura profesional del individuo, es además tener buen juicio para poder discernir cuando se debe callar, es una garantía moral de la persona que inspira confianza en los demás, es una virtud que puede evitar catástrofes mundiales y sociales.

Con frecuencia leemos en los diarios como los Estados guardan secretos que de sentirse afectados por la indiscreción provocan conflictos internacionales y morales, así ocurre también en todo el quehacer de la vida, por tanto la discreción es una virtud que eleva el comportamiento ético de un diplomático y de la persona común.

DISTRIBUCIÓN DEL TIEMPO:

En este sentido citamos al escritor José Ingenieros "La distribución inteligente del tiempo en las profesiones como en todas las actividades del quehacer diario hacen que se aproveche mejor la vida" ciertamente cuando aprovechamos el tiempo para invertirlo en el crecimiento profesional y humano estamos enriqueciendo nuestras vidas.

Para realizar las tareas en el tiempo perfecto es necesario planificar y elaborar un plan de acción con claros objetivos de lo que deseamos lograr, puntualizando con interés cada una de las actividades que nos llevaran paso a paso a lograr la meta deseada; poner mucha energía y entusiasmo en la realización de cada cosa nos da como resultado el éxito y la satisfacción del deber cumplido.

No debemos distraer nuestra atención en cosas triviales cuando deseamos lograr un fin, el constante esfuerzo para enriquecer los conocimientos nos lleva a la superación mental y cultural; los resultados son obvios al final de la meta, logrando admiración y respeto de nuestros semejantes y la satisfacción que genera el deber cumplido. La constancia en el intento por lograr el crecimiento, no importando las adversidades y escollos que existan en el camino, si tropezamos volveremos a levantarnos con la mirada fija en el objetivo.

Calendarizar las acciones paso a paso y escribir día por día lo que deseamos lograr nos ofrecerá sin lugar a dudas la respuesta correcta y el fin deseado.

LA PUNTUALIDAD:

Todo está medido en el tiempo, hasta la creación del universo fue creado en un tiempo planeado; hasta la vida tiene un principio y un fin, ese lapso de tiempo es preciso valorarlo y sacarle el jugo hasta la última gota para el crecimiento de la persona humana y en beneficio de la comunidad.

Un diplomático jamás deberá ser impuntual, todas las actividades de su ejercicio deberán estar escritas con fecha y hora, para lograr al máximo cumplir con su calendario de actividades; si es anfitrión de una actividad cual fuere, deberá llegar primero que sus invitados y si es invitado deberá llegar a la hora señalada para no alterar el curso normal de la actividad.

DEBERES SOCIALES:

Estos deberes van unidos al desarrollo mismo del individuo, tanto en su rol social interno (Familiar) como externo (Sociedad) y en ambos deberá tener claro como funcionar para cumplirlos.

En el año 1972 la Naciones Unidas realizó una conferencia en Estocolmo sobre el medio ambiente y los participantes aceptaron la responsabilidad de preservar los recursos naturales como el agua, el aire, la flora y la fauna. Del mismo modo la sociedad norteamericana se asocia para proteger a los animales y vemos como cientos de mujeres del mundo hoy día rehúsan comprar abrigos de pieles que antaño fueron su delirio.

Algunos incluso han excluido de su dieta el consumo de la carne sustituyéndola por frutas, vegetales y granos; porque ha crecido la conciencia de la preservación de toda la naturaleza y principalmente de los animales.

Estas necesidades surgen como alternativas de vida dando origen a nuevas organizaciones como ONGS, Clubes Culturales, asociaciones de amas de casas, juntas de vecinos y otros grupos sociales que debaten de manera conjunta planes estratégicos que generan mejores niveles de vida.

LA VOCACIÓN DE SERVICIO:

En estos tiempos los hombres son oprimidos de distintas formas, existe un gran peligro de destrucción por el libre albedrío, con frecuencia el mal uso de este, los hace propensos a rechazar la obediencia a las normas establecidas; es por eso que el concilio vaticano exhorta "A todos los que cuidan y participan de la educación a que emergen en formar hombres que acatando el orden moral, obedezcan a la autoridad legítima y sean amantes de la genuina libertad".

Cumplir las normas éticas contribuye a resaltar la dignidad de los pueblos; en cambio, aceptar las influencias negativas provoca la degradación y humillación de un estado.

La vocación de servicio deberá estar sellada en las almas de los seres que desean una mejor comunidad, siempre dispuestos a dar más de lo que reciben.

Es pues cuando debemos citar una vez más los grandes ejemplos de hombres y mujeres virtuosas que elevaron por encima de sus intereses personales la vocación de servicio.

EL DISCURSO Y SU VALOR ÉTICO MORAL

Para persuadir o convencer a los demás de nuestros puntos de vista debemos aportar las razones que justifiquen nuestra postura o planteamiento. En toda argumentación podemos distinguir tres elementos.

El objeto de la argumentación es el tema sobre el cual se trata. Los argumentos son las razones en las que basamos nuestra postura ante el tema objeto de la exposición.

LA CLARIDAD Y PRECISIÓN DEL DISCURSO:

La claridad y la precisión de los conceptos generan el convencimiento o no de nuestras ideas, es por eso que al argumentar es necesario tener claro las ideas que deseamos trasmitir.

La relación causa-efecto, la casualidad de relaciones necesarias para que se produzca un resultado determinado. Ciertos hechos (Causas) producen determinados resultados (Efectos) siempre que se produzcan las mismas circunstancias y no aparezcan nuevos factores.

Una causa, un efecto, una causa varios efectos o varias causas un efecto, varias causas encadenadas varios efectos.

En fin en las actividades de expresión deben quedar claros los objetivos y los argumentos: Ej. Imaginas que has sido objeto de las Acciones de un terrible ladrón y deseas comunicarlo a las autoridades por medio de una comunicación donde informas los pormenores de los hechos. **Nunca debe faltar: Que, Quien, Donde, Cuando, Como, y porque**

(Debatir y practicar, reportes, e informes, discursos.)

ÍNDICE

Diplomacia Ad Hoc

El conjunto no es la totalidad y de ahí que puedan coexistir con ellas otras misiones como las especiales cuya representatividad es otorgada por un tiempo y para un cometido determinado, los que podrán ser más o menos amplios, limitación que se pactará en el acuerdo en que se dispone su envío y recepción. El artículo 1 de la Convención de Nueva York de 1969 define a las misiones especiales. Se entenderá por una misión temporal, que tenga carácter representativo del Estado, enviada por un Estado ante otro con el consentimiento de este último, para tratar con él asuntos determinados o realizar ante él un cometido determinado.

Las funciones de las misiones diplomáticas especiales acreditadas ante Estados, "serán determinadas por el consentimiento mutuo del Estado que envía y del receptor". Las actividades de las misiones especiales se clasifican en: funciones protocolares (rendir homenajes, participar en un cambio de gobierno, asistir a una boda real), funciones técnicas (coordinar actividades sociales y comerciales,) funciones de naturaleza política (coordinar la acción internacional de los Estados, firmar un tratado de paz, arreglar una alianza) y funciones técnico-política, aquellas de desarrollo técnico pero cuyos resultados posean un marcado contenido y una fuerte repercusión política (ejemplo determinación de una frontera). Las delegaciones (misiones especiales y conferencias), no tienen fijado a través de ninguna disposición sus funciones. Debe pensarse entonces que las funciones de las delegaciones ante un Congreso o Conferencia están determinadas por la naturaleza de estos y el motivo de la convocatoria. Cuando se tratar de una Delegación en un área especifica de la organización, sus funciones consisten en participar de las deliberaciones representando al Estado que envía.

Diplomacia Directa o de Cumbre

El conjunto de reglas y métodos que permiten a un Estado instrumentar sus relaciones con otros sujetos del derecho internacional, con el doble objeto de promover la paz y cultivar una mentalidad universal fomentando la cooperación con dichos sujetos en los más diversos campos.

Regularmente se establecen y desarrollan distintas actividades para el logro de este objetivo, dentro de las cuales podemos citar cumbres, misiones, cada una de las actividades deberán tener un objetivo especifico bien definido.

(Poner ejemplos y practicar en aula citando en grupos formados como pequeños países)

Fin

www.ingramcontent.com/pod-product-compliance
Lightning Source LLC
Chambersburg PA
CBHW022127170526
45157CB00004B/1783